www.ingramcontent.com/pod-product-compliance
Lightning Source LLC
LaVergne TN
LVHW010434070526
838199LV00066B/6020
9789369086603

انتخابِ کلام اثر لکھنوی

اثر لکھنوی

© Taemeer Publications LLC
Intekhaab-e-Kalaam Asar Lakhnavi
by: Asar Lakhnavi
Edition: December '2024
Publisher :
Taemeer Publications LLC (Michigan, USA / Hyderabad, India)

ISBN 978-93-6908-660-3

مصنف یا ناشر کی پیشگی اجازت کے بغیر اس کتاب کا کوئی بھی حصہ کسی بھی شکل میں بشمول ویب سائٹ پر اَپ لوڈنگ کے لیے استعمال نہ کیا جائے۔ نیز اس کتاب پر کسی بھی قسم کے تنازع کو نمٹانے کا اختیار صرف حیدرآباد (تلنگانہ) کی عدلیہ کو ہو گا۔

© تعمیر پبلی کیشنز

کتاب	:	انتخابِ کلام اثر لکھنوی
مصنف	:	اثر لکھنوی
صنف	:	شاعری
ناشر	:	تعمیر پبلی کیشنز (حیدرآباد، انڈیا)
سالِ اشاعت	:	۲۰۲۴ء
صفحات	:	۶۶
سرورق ڈیزائن	:	تعمیر ویب ڈیزائن

فہرست

غزلیات

۱	آنکھ میں اشکِ ندامت ڈبڈبا کر رہ گئے	۵
۲	اور جو کچھ ہو یہ اندھیر نہ ہونے پائے	۶
۳	چلا آتا ہے اک مستِ شباب آہستہ آہستہ	۷
۴	کچھ آنکھوں ہی آنکھوں میں کہہ جانے کو کیا کہیے	۸
۵	دفتر ہے ذرّہ ذرّہ رموز و نکات کا	۱۰
۶	شاید گلعذار اور توبہ	۱۱
۷	اک شرارِ پریدہ کے مانند	۱۲
۸	لبِ رشکِ برگِ گل پہ ہے وہ نازنیں تبسم	۱۳
۹	کیا جانے کس نے اسے یہ بات سکھا دی	۱۴
۱۰	تصور لے گیا کس انجمن میں	۱۵
۱۱	دل کا ہے رونا کھیل نہیں ہے، منہ کو کلیجا آنے دو	۱۶
۱۲	دلہن بنی ہوئی اب کے چمن میں آئی ہے	۱۷
۱۳	کھوئے ہوئے سے رہنا دن کو، روتے پھرنا راتوں کو	۱۸
۱۴	اٹھائیں ٹیسیں، گھٹا کیا دم، مگر نہ اُف کی، نہ سینہ کوٹا	۱۹
۱۵	مستانہ قدم رکھ تو سہی راہِ فنا میں	۲۰
۱۶	چپکے سے نام لے کے تمہارا کبھی کبھی	۲۱
۱۷	دل کہ ہلاکِ شوق تھا اب بے حس کی دنیا کیا کہنا	۲۲
۱۸	کچھ ان کا ہوش اور نہ اپنی خبر ہے آج	۲۳
۱۹	آغازِ محبت کی لذت انجام میں پانا مشکل ہے	۲۴
۲۰	محبت کی تھی پاسداری بہت	۲۶

۲۷	درد محبت، خون تمنا تجھ میں ملا کر دیکھیں گے	۲۱
۲۹	حاصلِ ذوقِ جبیں، چاک گریباں کرنا	۲۲
۳۰	کارگاہِ عاشقی میں فرد و کام ہو گیا	۲۳
۳۱	گھر ہر قدم پر چھکتی رہی	۲۴
۳۲	ہمنشیں کیا بتاؤں کب آیا	۲۵
۳۳	پردۂ ناموسِ غم جو شبِ حنا ہو گیا	۲۶
۳۴	چوری اس پر سینہ زدری، چپ تھوڑی بیٹھا جانے گا	۲۷
۳۵	دل کی تپش کا جو رنگ یہی ہے، نالہ برقِ خرمن ہو گا	۲۸
۳۶	کہہ کو ایسے ذہیں تھے؛ جھوٹی قسم جو کھتے تم	۲۹
۳۷	رشک، الفت کی جان ہے پیارے	۳۰
۳۸	ان کی انکھڑیوں کی اُن نیم خمارں	۳۱
۳۹	ہائے ری پیاری پیاری آنکھیں	۳۲
۴۰	کرائی اس طرح سا دن گیا ہے	۳۳
۴۱	یہ طریقہ تو کچھ نہیں احسن	۳۴
۴۲	جان کو روگ ہیں دنیا بھر کے	۳۵
۴۳	دلِ زخم خوردہ کو تڑپ لینے والے	۳۶

نظمیں

۴۴	سراپا بطرزِ نو	۳۷
۴۶	نوائے تلخ	۳۸
۴۸	گاندھی جی	۳۹
۵۰	قطعات	۴۰
۵۲	رباعیات	۴۱
۵۴	اشعار	۴۲

انتخابِ کلام

اثر لکھنوی

۶

○

آنکھ میں اشکِ ندامت ڈبڈبا کر رہ گئے
ہم یونہی اکثر دعا کو ہاتھ اُٹھا کر رہ گئے

کتنے ہی شکوے زباں پر آئے ، آ کر رہ گئے
کچھ نہ کہتے بن پڑا ، گردن جھکا کر رہ گئے

کیسی تسکیں ، بیقراری میں اضافہ ہو گیا
ہاتھ وہ نزدیک دل کے لانے لا کر رہ گئے

آہ اُن تاروں کی خوں گشتہ تمنائے نمود
جو اُبھرتے ہی اُفق سے جھلملا کر رہ گئے

اُن پہ ہنسئے شوق سے جو مائلِ فریاد ہیں
اُن سے ڈریے جو ستم پر مسکرا کر رہ گئے

○

چلا آتا ہے اک مست شباب آہستہ آہستہ
دعائیں ہو رہی ہیں مستجاب آہستہ آہستہ

تسلی کی یہ باتیں ہیں کہ تڑپانے کی باتیں ہیں
خموشی، پھر تبسم، پھر خطاب آہستہ آہستہ

مجھے کیا نیند آئے گی کہ ہمدم میں نے دیکھی ہیں
وہ آنکھیں بند ہوتے وقتِ خواب آہستہ آہستہ

محبت راہ کرتی ہے یونہی محبوب کے دل میں
کہ جیسے نشہ کرتی ہے شراب آہستہ آہستہ

کھلی جو آنکھ، اُفق پر اک ستارا جھلملاتا تھا
میں سمجھا تھا کہ جائے گا شباب آہستہ آہستہ

٨

کچھ آنکھوں ہی آنکھوں میں کہہ جانے کو کیا کہیے
تسکین کے پردے میں تڑپانے کو کیا کہیے
گردش تھی ابھی مبہم ساقی کی نگاہوں کی
پھر بھی جو چھلک جائے پیمانے کو کیا کہیے
جس دل کی تمنائیں سرمایۂ ہستی تھیں
اس دل کی تمنائیں مِٹ جانے کو کیا کہیے
مانا کہ حیا آئی مشتاق نگاہوں سے
خود اپنی اداؤں سے شرمانے کو کیا کہیے
مشکل سے جو اُٹھی تھیں پلکوں کے سہارے سے
ملتے ہی اُن آنکھوں کے جھک جانے کو کیا کہیے
جس وقت نسیم آئے پیغامِ سحر لے کر
گلبرگ پہ شبنم کے تھرانے کو کیا کہیے

۹

جب چاندنی چھٹکی ہو اور پھول مہکتے ہوں
جاگی ہوئی آنکھوں کے بھر آنے کو کیا کہئے

مستقبلِ تازہ ہے جو خاک کا ذرّہ ہے
جب زیست مسلسل ہے مر جانے کو کیا کہئے

نالوں نے اثر کے پھر ہنگامہ کیا برپا
مُنھ پھیر کے پھر کہہ دو "دیوانے کو کیا کہئے"

۱۰

○

دفتر ہے ذرّہ ذرّہ رموز و نکات کا
ہے کون نقشبند طلسمِ حیات کا
غم کو سمجھ لے یہ بھی ہے اک جز حیات کا
غم سے یہی ہے ایک طریقہ نجات کا
اہلِ چمن پہ گزری جو کچھ آشیاں سے دُور
کیا ذکر ہمصفیر اب اس واردات کا
عشقِ جنوں نواز کی اللہ ری وسعتیں
جولانیوں پہ تنگ ہے عرصہ حیات کا
اس دہر میں ہے نازشِ انسانیت وہی
جو موت کو بھی بخش دے خلعت حیات کا
راہِ طلب میں شعلہ ہر اک خار ہے تو کیا
بڑھتا ہی جائے ولولہ عزم و ثبات کا

11

شاہدِ گلعذار ارے توبہ
روکشِ صد بہار ارے توبہ

جیسے نرگس کی ادھ کھلی ہو کلی
دیدۂ پُرخمار ارے توبہ

آبشار اک سیاہ بجلی کا
گیسوئے تابدار ارے توبہ

نگہِ شوخ اُف، معاذاللہ
اک لپکتا شرار ارے توبہ

وہ جوانی کہ خود جوانی کو
جس پہ آجائے پیار ارے توبہ

وہ تکلم کہ جام سے چھلکے
بادۂ خوشگوار ارے توبہ

ایک تو دھڑے کی فسوں کاری
پھر دلِ بیقرار ارے توبہ

کاہشِ انتظار میں شامل
لذتِ انتظار ارے توبہ

میٹھی میٹھی سی اک کسک دل میں
ہلکا ہلکا فشار ارے توبہ

دیدہ و دل کی آشتی باہم
بعد ازاں انتشار ارے توبہ

۱۴

اک شرارِ بریدہ کے مانند — دل ہے صیدِ رمیدہ کے مانند
شوق اپنا ہے ناتمام ابھی — بادۂ نارسیدہ کے مانند
جلوہ گر ہے کوئی تصور میں — صبح تازہ دمیدہ کے مانند
اب ہے انصاف حرفِ بے معنی — نامۂ سربریدہ کے مانند
جو ہیں آزاد وہ نہیں جھکتے — سروِ قامت کشیدہ کے مانند
اب ہے مژگاں سرشک آلودہ — رگِ تاکِ بُریدہ کے مانند
نظر آیا نہ دوسرا صیاد — عشوۂ دام چیدہ کے مانند
مقصدِ زیست گومگو ہی رہا — کاغذِ "آب دیدہ" کے مانند
وطن آوارہ ہیں وطن میں ہم — نالۂ ناشنیدہ کے مانند
کہنے کو ہیں مگر نہیں ہیں ہم — نقشِ ناآفریدہ کے مانند
دل میں جل بجھیں خواہشیں دل کی — خرمنِ برق چیدہ کے مانند

رائگاں اپنی محنتیں ہیں اثرؔ
مزرعِ نادمیدہ کے مانند

۱۳

○

لبِ رشکِ برگِ گُل پر ہے وہ نازنیں تبسّم
کہ جو غنچہ دیکھ پائے تو رہے ہمیشہ گُم صُم

ترے حُسنِ خود نما کی یہ کرشمہ سازیاں ہیں
وہ ہو بزم لالہ و گل کہ بساطِ ماہ و انجم

وہی شورِ تشنہ کامی، وہی جوشِ بیقراری
وہی لحظہ لحظہ طوفاں، وہی پے بہ پے تلاطم

مری ایک ایک نس میں وہ کسک سی بھر گیا ہے
تری مست انکھڑیوں سے دلِ زار کا تصادم

رہِ عشق میں لُٹا ہے یونہی کارواں ہمارا
کہیں چُھٹ گئی تمنا، کہیں آرزو ہوئی گُم

نہ وہ پہلی سی تڑپ ہے، نہ وہ دل خراش نالے
پسِ دلِ رہی تغافل، یہ ستم ہے یا ترحم؟

تری گفتگو جو سُن لے تو ہو موج موج رقصاں
وہ ہے کیف خامشی میں کہ ہو غرق مَے ترنّم

کیا جانئے کس نے اُسے یہ بات سکھا دی
جب تم کو پکارا ہے، مرے دل نے صدا دی

ہر اشک نے جو پی گئے ہم فرطِ حیا سے
اک شمع شبستانِ محبت میں جلا دی

معلوم تو ہو کچھ ترا منشا دلِ مضطر
خاطر سے تری ضبط کی بھی قید اُٹھا دی

اک پھول ہے جس کو نہیں اندیشۂ خزاں کا
وہ زخم جسے آپ نے دامن سے ہوا دی

کچھ سوچ کے اُس نے دلِ پُرشوقِ اثر کو
پہلے کیا آراستہ پھر آگ لگا دی

۱۵

تصوّر لے گیا کس انجمن میں
بسی ہے بوئے یوسف پیرہن میں

غبارِ راہ اُٹھ کر کہہ رہا ہے
نہ پہنچا قافلہ کوئی وطن میں

محبّت اور اظہارِ محبّت
یہی تو بات ہے دیوانے پن میں

وہ نغمہ تو نے اے مطرب سُنایا
کہ اب تک سنسنی ہے تن بدن میں

اثرؔ ہے میر سے نادیدہ بیعت
نہ کیوں تاثیر ہو میرے سخن میں

۱۶

دل کا ہے رونا کھیل نہیں ہے، منھ کو کلیجا آنے دو
تھمتے ہی تھمتے اشک تھمیں گے، ناصح کو سمجھانے دو

کہتے ہی کہتے حال کہیں گے، ایسی تمھیں جلدی کیا ہے
دل تو ٹھکانے ہونے دو، اور آپ میں ہم کو آنے دو

شکوہ کیا از رہِ الفت، طنز سمجھ کر روٹھے ہو
ہم بھی ہیں نادم اپنی خطا پر، آؤ تم بھی جانے دو

صورتِ منزل کیا نظر آئے، ثبت ہیں دل پہ نقشِ خودی
عقل ہے دشمن، نفس ہے رہزن، ٹھوکریں کچھ دن کھانے دو

دل کو اثر کے لوٹ لیا ہے شوخ نگہ اک کافر نے
کوئی نہ اس کو رونے سے روکو، آگ لگی ہے بجھانے دو

۱۷

○

دُلہن بنی ہوئی اب کے چمن میں آئی ہے
بہار ہو کے تری انجمن میں آئی ہے
ظہورِ عشق حقیقت طراز تھا ورنہ
یہ دلکشی کہیں دار و رسن میں آئی ہے
وہ بوئے خوں ہے کہ گھُٹتا ہے دم معاذ اللہ
بہار وادیٔ زخمِ کہن میں آئی ہے
یہ کس کی خاک ہے جو حسرتِ نشیمن ہے
صبا کے دوش پہ صحنِ چمن میں آئی ہے
گمان ہوتا ہے اُف ری کلام کی گرمی
زبان شعلہ اثر کے دہن میں آئی ہے

۱۸

○

کھوئے ہوئے سے رہنا دن کو، روتے پھرنا راتوں کو
جو ہیں عاقل وہ کیا سمجھیں عشق و جنوں کی باتوں کو

وہ جو نہ آئے، بادل چھائے، گرجے برسے، کھُل بھی گئے
اس کے سوا ہم ہجر کے مارے کیا جانیں برساتوں کو

بات یہ اور ہے شوق کے ہاتھوں خونِ دلِ عاشق ہو جائے
کام نہیں کچھ خونریزی سے تیرے حنائی ہاتھوں کو

کیا کیا ہم پر لطف و کرم ہے، کیسی کیسی مہر و وفا
تلخ اگر سن سکتے نہیں تو کیوں چھیڑو اُن باتوں کو

ہو نہ ہو سب ہے اپنی بیتی لاکھ کرو انکار اثر
نیند آنکھوں کی اُڑاتے ہو، کہہ کہہ کے فسانہ راتوں کو

۱۹

اُٹھا کیں ٹیسیں، گھُٹا کیا دم، مگر نہ اُف کی، نہ سینہ کوٹا
خدا خدا کر کے شب کی اُلجھن میں آبلہ دل کا خود ہی پھوٹا

گلوں کی نکہت میں تیرا بستر، تجھی سے بادِ سحر معطّر
مگر نزاکت میں تیرا ہمسر نہ کوئی غنچہ، نہ کوئی بوٹا

بُرا ہو اس مرگِ بے کسی کا کہ نام رُسوا ہے عاشقی کا
سُنا کسی نے تو ہنس کے ٹالا، مگر نہ اشکوں کا تار ٹوٹا

وہی ہے شورش، وہی ہے کاوش، نہ ہوش مجھ کو، نہ صبر دل کو
جنوں تو دیکھو وصال میں بھی نہ شغلِ سعیِ وصال چھوٹا

بہت ہی حضرت کو طیش آیا، مگر بجُز صبر کیا تھا چارہ
اثر کو محفل میں رات اُس نے کسی پہ رکھ کے بنایا جھوٹا

۲۰

مستانہ قدم رکھ تو سہی راہِ فنا میں
سو مرحلے طے ہوتے ہیں اک لغزشِ پا میں

اے بلبلِ شوریدہ رہے دھیان بس اتنا
گم قافلۂ رنگ نہ ہو تیری نوا میں

ہر ذرۂ صحرا ہے خلش زارِ تمنا
شاید دلِ مجنوں ہے تپاں شورِ درا میں

پامال کیا عشق کی غیرت نے انہیں بھی
جو پھول کھلے تھے اُمید کے دامانِ وفا میں

اُف شرمِ معاصی کہ پئے نذرِ کرم ہیں
دم توڑتی کچھ سسکیاں آغوشِ دعا میں

رعنائیِ گلزار ہے جس طرح شفق سے
کچھ سرخ ہی اک تہہ جو ہو شوخی کی حیا میں

نغموں میں بدل جاتی ہے کل عشق کی دنیا
رس ایسا گھلا ہے کسی کافر کی صدا میں

جوہر جبھی کھلتے ہیں اثر ترکِ طلب کے
جب سوز سے ہو ساز ہم آہنگ دعا میں

۲۱

○

چپکے سے نام لے کے تمہارا کبھی کبھی — دل ڈوبنے لگا تو اُبھارا کبھی کبھی
ہر چند اشکِ یاس جب اُمڈے تو پی گئے — چمکا فلک پہ ایک ستارا کبھی کبھی
میں نے تو ہونٹ سی لئے اس دل کو کیا کروں — بے اختیار تم کو پکارا کبھی کبھی
زہرِ الم کی اور بڑھانے کو تلخیاں — بے مہریوں کے ساتھ مدارا کبھی کبھی
رسوائیوں سے دور نہیں بیقراریاں — دل کو ہو کاش صبر کا یارا کبھی کبھی
کترا کے ایک موج یہ کہتی نکل گئی — ساحل سے سمت ہے کنارا کبھی کبھی
اے شاہدِ جمال کوئی شکل ہے کہ ہو! — تیری نظر سے تیرا نظارا کبھی کبھی

ہنگامِ گریہ آہ سے ناداں اثر حذر
اُڑتا ہے اشک جیسے شرارا کبھی کبھی

۲۲

○

دل کہ ہلاکِ شوق تھا اب ہے حُسن کی دنیا کیا کہنا
جوشِ طرب ہے ترکِ طلب میں، ترکِ طلب کا کیا کہنا

آئینہ دارِ عشرتِ دریا قطرہ بھی مثلِ دریا ہے
کیسی جدائی، وصل کہاں کا، ایک ہے نقشا کیا کہنا

سازِ فنا پر گیت بقا کا دل کا مغنی چھیڑ چکا
رنگ میں ڈوبی، ڈوب کے اُبھری، موجِ طرب زا کیا کہنا

حال جو اے دل اُس کو سنایا، مانا غم کا تقاضا تھا
شکوہ زباں پر کس لئے آیا؟ ہوش نہیں تھا؟ کیا کہنا

عشق کی باتیں عشق ہی جانے، دید کا جب ہنگام ہوا
جلوے کو پردہ آپ بنایا اس پہ تقاضا، کیا کہنا

بزم ہی آخر، دور بھی آخر، شمع بجھی سی جلتی ہے
تم کو بھی جلدی، ہم بھی مسافر ورنہ ابھی تھا کیا کیا کہنا

حیف اثر کا کھویا سا رہنا اور کبھی جو بات بھی کی
طنز سے تیر ا ہنس کر کہنا "آپ کی سننا کیا کہنا"

۲۳

○

کچھ اُن کا ہوش اور نہ اپنی خبر ہے آج — ترتیبِ انتظار بطرزِ دگر ہے آج
چلتا نہیں ہے کام تمنّا کئے بغیر — کیوں اتنی دلنواز تری رہگزر ہے آج
شوریدگی وا ذنِ نظارہ بقدرِ ذوق — درپیش امتحانِ عیارِ نظر ہے آج
وہ اور مسکرا کے مری سمت دیکھ لیں — نازاں خود اپنے حُسنِ نظر پر نظر ہے آج
میری جبیں کی خیر، ترے سنگِ در کی خیر — میری جبیں ہے اور ترا سنگِ در ہے آج
پہلو میں ڈھونڈھتا ہوں کسی کو بجائے دل — دنیائے اضطراب اِدھر کی اُدھر ہے آج

اس میں ضرور ایک نہ اک پیچ ہے اثرؔ
مائل بہ آشتی جو بُتِ فتنہ گر ہے آج

۲۴

○

آغازِ محبت کی لذت انجام میں پانا مشکل ہے
جب دل کو مسوسے رہتے تھے، اب ہاتھ لگانا مشکل ہے

متوالی رسیلی آنکھوں میں نیند ایسی گھُتی ہے کہ بس توبہ
فتنے تو اُٹھانا اک جانب، جادو بھی جگانا مشکل ہے

طائر ہے نہ صیدِ وحشی ہی، دل ہے، البتہ تڑپتا دل
دیکھو تو ادھر، کوشش تو کرو، کیا ایسا نشانا مشکل ہے

کچھ مشقِ ندامت ہوتی رہے، کچھ عذرِ ستم بھی کرتے رہو
جانوں کے کھیلنے والوں کو ہنس ہنس کے رُلانا مشکل ہے

جو عشق کے فن کے ماہر ہیں، اُن سے پوچھو، تم کیا جانو
کب اشک بہانا مشکل ہے کب پی جانا مشکل ہے

کہنے کو تو ہم آزار کشیدہ کہتے ہیں اس کو کیا کیا کچھ
انصاف یہ ہے اس جور پہ بھی یوں دل کا لُبھانا مشکل ہے

۲۵

موسم اور رنقت کی باتیں ہیں راتیں ہیں نہ وہ برساتیں ہیں
رونے میں کبھی طوفاں تھے، اب دو اشک بہانا مشکل ہے

کہنے اور طول سے کہنے کی حسرت تھی، لیکن جب پوچھا
منہ اس کا تکتے رہ گئے یعنی حال سُنانا مشکل ہے

آفت میں بلائیں گھرتے رہو، سرگشتہ و حیراں پھرتے رہو
یہ عشق کا وادی ہے اس میں آرام تو پانا مشکل ہے

میں میرؔ کا دم بھرتا ہوں اثرؔ میں اس کے کلام کا شیدا ہوں
ہاں شعر تو تم کہہ لیتے ہو، وہ "بول بنانا" مشکل ہے

۲۶

○

محبت کی تھی پاسداری بہت — سو ہے صبر کم، بیقراری بہت

زہے بخت جس کو قناعت ملی — ترے دل کے یوں تو بھکاری بہت

وہ کہنے کو تو رد میں کچھ کہہ گئے — ہوئی بعد ازاں شرمساری بہت

اُسے رحم آیا، نہ دل کو قرار — بہت کر چکے آہ و زاری بہت

خدا ہے جو رہ جائے ناموسِ عشق — کہ حالت ہے اب اضطراری بہت

نہ دیکھوں اُدھر کس طرح بار بار — کہ آنکھیں ہیں کافر کی پیاری بہت

نہ پنپا نہالِ تمنا، اثرؔ
محبت نے کی آبیاری بہت

۲۷

○

دردِ محبت خونِ تمنا تجھ میں ملا کر دیکھیں گے
رنگ میں ڈوبا پھر یہ فسانہ، اُن کو سُنا کر دیکھیں گے

یوں نہیں آتے، یہ تو سُن کر آئیں گے، آ کر دیکھیں گے
اُن سے الگ اب اُن کی تمنّا دل میں بسا کر دیکھیں گے

گردِ بیاباں تہ سے ہے خالی، کچھ بھی نہیں شورانگیزی
کوچے کی تیرے چُٹکی بھر خاک مِلا کر دیکھیں گے

لاکھ موجز بز، تیہا آئے، تیوری چڑھے، کیا ہوتا ہے
آنکھ ملا کر دیکھنے والے، آنکھ بچا کر دیکھیں گے

قیدِ قفس سے بعدِ رہائی غم جو کریں آزادی کا
سر پھرے ایسے اپنا گلشن خاک سجا کر دیکھیں گے

صبر کہاں تک جبر کہاں تک ترسی نگاہیں اُٹھ ہی گئیں
سخت ہے برہم، آگ بگولا، پھر بھی مَنا کر دیکھیں گے

۲۸

ہوش کے بندے سمجھیں گے کیا غفلت ہے کیا بیداری
عقل کے بدلے جس دن دل کی جوت جگا کر دیکھیں گے

رشکِ محبت وقتِ نظارہ یہ بھی گوارا کرتا نہیں
طے یہ کیا ہے تم سے بھی تم کو اب سے چھپا کر دیکھیں گے

کس سے کہئے اور کیا کہئے، سُننے والا کوئی نہیں
کچھ گُھٹ گُھٹ کر دیکھ لیا، کچھ شور مچا کر دیکھیں گے

بات یہ کل کی ہے کہ اثر گھر پھونک تماشا دیکھا تھا
ب یہ تماشا گھی کے چراغ بھی گھر میں جلا کر دیکھیں گے

۲۹

○

حاصلِ ذوقِ جنوں چاک گریباں کرنا
حُسن کو عشق کے پیکر میں نمایاں کرنا

اللہ اللہ دلِ بیتاب کی ایذا طلبی
زخم کے ساتھ تقاضائے نمکداں کرنا

ہستی و مرگ بھی اک شوخ ادا ہے ان کی
جمع بکھرانے کو اجزائے پریشاں کرنا

اُف وہ بے درد اسیرانِ ستم پر جس کو
آزمائش کے لئے وا درِ زنداں کرنا

اختر افشاں رُخِ زیبائے قمر ہو جائے
ہاں ذرا اور پشیماں کو پشیماں کرنا

درسِ اوّل ہے دبستانِ محبت میں اثرؔ
خونِ دل کو رقمِ شوق کا عنواں کرنا

○

کارگاہِ عاشقی میں فردِ کامل ہوگیا
جس کو تم نے دیکھ کر دل کہہ دیا، دل ہوگیا

کچھ نہ پوچھو طے ہوئی راہِ محبت کس طرح
جس جگہ تھک کر گرے سامانِ منزل ہوگیا

اُف تری سرمستیاں اے جلوۂ حیرت طراز
جس کو جتنا ہوش تھا، اتنا ہی غافل ہوگیا

عشق کہتے ہیں جسے وہ بھی ادائے حُسن ہے
آپ ہی جلوہ دکھایا، آپ مائل ہوگیا

ایک گردش میں نگاہِ مستِ ساقی کی اثر
کفر ایماں ہوگیا، ایمان باطل ہوگیا

۳۱

کمر ہر قدم پر لچکتی رہی
یہ بجلی سوئے دل لپکتی رہی

ادب لاکھ تھا پھر بھی اس کی طرف
نظر میری اکثر بھٹکتی رہی

اگر ہونٹ سی بھی لئے، کیا ہوا
نگاہوں سے اُلفت ٹپکتی رہی

غُبارِ دلِ مضطرب چھو گیا
صبا اپنا دامن جھٹکتی رہی

نہ کھلنے پہ بھی میرے دل کی کلی
گُلِ تر کی صورت مہکتی رہی

اثر کی سی شیدا بیانی کہاں
بہت یوں تو بلبل چہکتی رہی

۳۲

○

ہمنشیں کیا بتاؤں کب آیا
ہوش کس کو رہا وہ جب آیا

بیقراری میں بن گیا نالہ
جو سخن دل سے تا بہ لب آیا

وقت کہنے کا ہے، نہ سننے کا
آہ آیا بھی تو وہ کب آیا

ہم نے رو رو کے رات کاٹی ہے
آنسوؤں پر یہ رنگ تب آیا

میر کے معتقد سبھی ہیں اثر
میر کے شعر کا نہ ڈھب آیا

۳۴

○

پردۂ ناموسِ غم جوشِ حیا ہو گیا
رنگ اُڑا جس قدر شورِ سوا ہو گیا

اشکِ الم بہہ چلے چہرے پہ بے اختیار
پھر کوئی ارمان آج دل سے جدا ہو گیا

عشقِ خدا ناہدو تم کو مبارک رہے
اہلِ خرابات کا عشق خدا ہو گیا

در سے کوئی پھر گیا شکل دکھا کر مجھے
اور یہ کہتا ہوا وعدہ وفا ہو گیا

میں نے کہا کچھ نہیں، لے لے قسم ہمنشیں
آپ ہی کچھ زیرِ لب کہہ کے خفا ہو گیا

زیرکمینِ نیاز دستِ طلب ہے اثر
کیا تری غیرت کو اے مردِ خدا ہو گیا

۳۴

○

چوری اُس پر سینہ زوری، چُپ تھوڑی بیٹھا جائے گا
دل چھین کے لینے والے لے جا، اچھا دیکھا جائے گا

ضبطِ آہ سوز! اس سے زیادہ، آنسو پینا قہر ہوا
اب چھالے پہ چھالا، چھالے سے چھالا پڑتا جلتا جائے گا

فریاد کا شنوا کوئی نہیں، بیکس کا سہارا کوئی نہیں
کچھ دیکھ لیا اس دنیا میں، کچھ حشر میں دیکھا جائے گا

الزام نہ دو، ناراض نہ ہو، اس دل سے بہت مجبور ہوئے
اب تم جو سہارا دو اُٹھیں، یوں ہم سے نہ اُٹھا جائے گا

جب یاد دلایا روزِ جزا، کافر نے کہا اور ہنس کے کہا
سی جائیں گے۔ تیرے ہونٹ اثرؔ جب نامِ وفا آ جائے گا

۳۵

○

دل کی تپش کا جو رنگ یہی ہے نالہ برقِ خرمن ہوگا
داغ جگر کے فروزاں ہوں گے، تارِ نفس تک روشن ہوگا

حال دگرگوں دیکھ کے میرا چپکے چپکے ہنسنے والے
تیری نگہ کی تاب جو لائے، دل تو نہ ہوگا، آہن ہوگا

کیا کیا وعدے وعید تھے لیکن، دل جو لیا پھر سدھ بھی نہ لی
تم تو سیدھے سادے ہو، وہ اور ہی کوئی پُرفن ہوگا

اپنی ہوائیں، اپنی بہاریں، اپنے شگوفے اور گُل بوٹے
ہم تو نہ ہوں گے لیکن اک دن ایسا ہی یہ گلشن ہوگا

چُپ نہ رہا کر طعنے سُن کر، اپنی تو یہ ہے صلاح اثر
صبر سے تیرے، ضبط سے تیرے اندوہ کا فربہ تن ہوگا

۳۶

○

کاہے کو ایسے ڈھیٹ تھے پہلے، جھوٹی قسم جو کھاتے تم
غیرت سے آجاتا پسینا، آنکھ نہ ہم سے ملاتے تم

حیف تمہیں فرصت ہی نہیں ہے، ورنہ کیا کیا حسرت تھی
حال ہمارا سُن لیتے، اور اپنا حال سُناتے تم

ہم وہ نہیں یا تم وہ نہیں، تم ہنستے ہو، نہ ہم روتے نہیں
یا ہچکی اُلٹی جاتی تھی، جتنا ہمیں سمجھاتے تم

وضع بھی کوئی شے ہے آخر، دل کو اثرؔ سمجھانا تھا
در سے کسی کے اک بار اُٹھ کر، کاش دوبارا نہ جاتے تم

۳۷

○

رشک، اُلفت کی جان ہے پیارے
جان ہے تو جہان ہے پیارے

تو حیا اور حیا مرا ایماں
کس لئے بدگمان ہے پیارے

درد میں ہنس کے بجلیاں بھر دیں
کس قدر مہربان ہے پیارے

تجھ کو اپنی ہی دلبری کی قسم
کچھ ہمارا بھی دھیان ہے پیارے

سونی سونی سی دل کی بستی ہے
تو جو نامہربان ہے پیارے

خواب، چین و عرب کے دیکھ چکا
جیت! ہندوستان ہے پیارے

میر صاحب کی ہو غزل جس میں
وہ زمیں، آسمان ہے پیارے

قول اُن کا اثر کی تضمیں ہے
لاکھ تو خوش بیان ہے پیارے

"گفتگو ریختے میں ہم سے نہ کر
یہ ہماری زبان ہے پیارے"

۳۸

اُن انکھڑیوں کی اُف نیم خوابی
ڈورے پڑے تھے جن میں گلابی

رُخ پر پسینا، گیسو پریشاں
لکنت زباں کو، آخر شرابی

نازک لبوں پر ہلکی سی لرزش
کھلتی کلی یا رستی گلابی

گفتار ایسی پُرکار و سادہ
جس پر تصدق حاضر جوابی

جو عرض کیجے فوراً پذیرا
عصمت کی ضامن خود بے حجابی

ہر لحظہ تازہ پیمانِ اُلفت
لطف و کرم کی وہ بے حسابی

اس چشمِ میگوں کی مست گردش
توبہ کی جاں پر لائی خرابی

بدمست میں تھا، ہُشیار وہ تھا
اب حُسنِ گُل تھا، رنگیں نقابی

جا، بوالہوس جا، تجھ کو خبر کیا
ناکامیٔ عشق، ہے کامیابی

فکرِ اثر میں ہے جلوہ فرما
صہبائے حافظ کی مہرتابی

۳۹

ہلئے ری پیاری پیاری آنکھیں
متوالی رتناری آنکھیں
غارتِ دل پر ٹوٹ پڑی ہیں
شیام نگر کی کماری آنکھیں
اُس گھڑی دیکھو ان کا عالم
نیند سے جب ہوں بھاری آنکھیں
زہر کبھی ہیں اور کبھی امرت
ان کی باری باری آنکھیں
جن کو جھکنا یاد نہیں ہے
حیرت کی ہیں وہ ماری آنکھیں
تکتی ہیں اب تک راہ کسی کی
صبح و شام بھکاری آنکھیں
کون اثر کی نظر میں سمائے   دیکھی ہیں اُس نے تمہاری آنکھیں

○

کوئی اس طرح ساون گا رہا ہے
دل ناشاد اُمڈا آ رہا ہے
سُروں میں ڈوبا لہرا بانسری کا
قیامت پر قیامت ڈھا رہا ہے
ٹھوکے دے رہی ہیں بھیگی تانیں
کلیجہ منھ کو بیہم آ رہا ہے
بھری برسات اور یہ گھُپ اندھیرا
اندھیرا آپ سر ٹکرا رہا ہے
سہاگن رات کا ڈھلتا ہے کاجل
مرا اک رواں تھرا رہا ہے
یہ رات اور یاد اثرؔ اک بے وفا کی
بس اب رہنے دو، رونا آ رہا ہے

○

یہ طریقہ تو کچھ نہیں احسن
ظاہراً دوست ، باطناً دشمن

تیری تقلید میں زمانے سے
اُٹھتا جاتا ہے دوستی کا چلن

شاید اُفتادگی ، بلندی ہے
خاکساروں کا چرخ ہے دشمن

اُن کی حسرت کا آئینہ ہے خزاں
لے گئے جو ہولئے سیرِ چمن

بیکسی میں ترا نظیر نہیں
اے وطن ، اے مرے غریب وطن

بزلہ سنجی میں تھا کبھی یکتا
اثرِ مُردہ دل ، اسیرِ محن

۴۲

○

جان کو روگ ہیں دنیا بھر کے
ہم تو پچھتائے محبّت کر کے

جھلملاتے ہوئے تارے کیا ہیں
ملگجے پھول ترے بستر کے

سادگی حُسن کا ترے زیور
حُسن قربان تیرے تیور کے

آدمی، اپنی حقیقت کو نہ بھول
ٹھوکریں کھاتے ہیں کاسے سر کے

پہلے چُپ لگ گئی پھر موت آئی
جان لی عشق نے رُسوا کر کے

تم ابھی کچھ تھے، ابھی ہو کچھ اور
دیکھ لینے دو ذرا جی بھر کے

۴۳

دلِ زخم خوردہ کو تڑپانے والے
بڑے شوخ ہوتے ہیں شرمانے والے

یہ نقشِ وفا اور ابھریں گے مٹ کر
مزارِ غریباں کو ٹھکرانے والے

انھیں کی ہے دنیا، انھیں کا زمانہ
ستم ڈھائے جائیں، ستم ڈھانے والے

اِدھر آ کلیجے میں تجھ کو چھپا لوں
خود اپنی اداؤں سے شرمانے والے

اِدھر دیکھتا جا، اِدھر دیکھتا جا
ارے جانے والے، ارے جانے والے

نہ تحقیقِ منزل، نہ راہوں سے واقف
چلے جا رہے ہیں، چلے جانے والے

اثر کو وہ خنجر سے دھمکا رہے ہیں
وہی، اپنے سائے سے ڈر جانے والے

نظمیں

سراپا بطرزِ نو

یاد آگیا پھر اک بُتِ رعنا غضب غضب
رنگیں خرام، کیفِ سراپا، غضب غضب

سج دھج نرالی، وضع انوکھی، ادا نئی
آواز؟ جیسے گیت سُریلا! غضب غضب

لہجے میں لوچ، لوچ میں اک نرم زمزمہ
لہرا بجائیں جیسے کنہیا، غضب غضب

آنکھوں میں نیند، نیند میں ڈورا خمار کا
نازک سے آبگینوں پہ مینا، غضب غضب

وہ پُتلیاں کہ "مانسرودر کی جھیل" میں
سپنوں کی ناؤ کھیتے ہوں دیوتا، غضب غضب

ابرو وہ بانکے، بات پہ تلوار سونت لیں
اور کردیں "ایک دیکھا نہ دیکھا"، غضب غضب

پلکیں گھنیری، گوپیوں کی ٹوہ کے لئے
رادھا کے جھانکنے کا جھروکا، غضب غضب

اور اُن کی اوٹ چھوڑ دہ چیت چور جنو نیں
لوٹیں اگر ذرا جو ہو کھٹکا! غضب غضب

ان بستیوں میں آ کے جواں ہوں جو مستیاں
اُن مستیوں کا کیا ہے ٹھکانا، غضب غضب

پھیلا ہوا وہ آنکھوں میں کاجل کہ ہائے ہائے
جیسے کنول کی تاک میں بھونرا، غضب غضب

مدھ کی کٹوریوں میں وہ امرت گُھلا ہوا
جس کا ہے کام دیو بھی پیاسا، غضب غضب

اُن لمبے لمبے بالوں میں گھونگھر کی لہر سی
کروٹ سے جیسے بہتی ہے گنگا، غضب غضب

۴۵

اُن گورے گورے گالوں پہ اک لٹ لٹک پڑی　　　فوراً تھا چہرہ لال بھبھوکا، غضب غضب
وہ ہونٹ جن کو چوم رہی تھی شگفتگی　　　یاقوت اتنا سُرخ نہ چوکھا، غضب غضب
وہ چلبلی ادائیں، اداؤں کے ساتھ ساتھ　　　نتھنوں کا بار بار پھڑکنا۔ غضب غضب
اپنی ہنسی پہ غصہ، کبھی غصہ پر ہنسی　　　سونا اُٹھا دیا، کبھی رو دیا، غضب غضب
اُف، اُف وہ پور پور میں مہندی رچی ہوئی　　　نستبو کا پھول دیکھا تو ہوگا؟ غضب غضب!
اس واسطے چنگیر ہتھیلی کی دیکھ لو　　　انگڑائی توڑنے کا بہانا، غضب غضب

بھڑکا رہی تھی حُسن کو گرمی شباب کی
کھنچتا تھا عطر یا تھا پسینا، غضب غضب

اک تشنہ کامِ شوق کی حسرت بھری نظر　　　دل بیقرارِ عرضِ تمنا، غضب غضب
بہکے ہوئے سوال کا، بہکا ہوا جواب　　　اُس پر دبا کے ہونٹ وہ کہنا "غضب غضب"
وہ التفات، بخششِ بے حد کہیں جسے　　　پُرسش کے بعد رنجشِ بیجا، غضب غضب
گفتار کوثئی لبِ میگوں کے ساتھ ساتھ　　　شرمندگی، حیا کا تقاضا۔ غضب غضب
بیتابیوں نے ہوش سے بیگانہ کر دیا　　　برہم ہوئی وہ بزمِ تماشا، غضب غضب
اوجھل ہوا نگاہ سے وہ جانِ آرزو　　　محرومیاں ہیں اور دلِ شیدا، غضب غضب

جوشِ جنوں میں وہ بھی اثر چاک ہو گیا
ہلکا سا رہ گیا تھا جو پردا، غضب غضب!

نوائے تلخ

وہ ملک ترقی کبھی کر ہی نہیں سکتا
صرف اپنے لئے جیتے ہوں جس ملک کے زردار

جو پرورشِ نفس سے دم بھر نہیں فارغ
بیکس سے ہے مطلب، نہ غریبوں ہی سے سروکار

سِکّے میں بدل دیتے ہیں جو اپنے خدا کو
مفلس کے بھلا ہوں گے وہ کیا خاک مددگار

ہے اُن کے لئے عیش کا سامان مہیا
دہقان سراسیمہ ہے، مزدور ہے بے کار

اُترے ہوئے چہروں کا ہر اک نقش کہانی
حلقے پڑی آنکھوں سے عیاں فاقوں کے آثار

وہ عورتیں اُن کی کہ جوانی میں بڑھاپا
رنگین ہے رفتار، نہ چہکی ہوئی گفتار

پنگھٹ پہ وہ جمگھٹ، نہ وہ بولی، نہ ٹھٹھولی
آپس میں وہ چہلیں ہیں، نہ وہ چھیڑ نہ تکرار

آنکھوں میں چمک اور نہ ہونٹوں پہ تبسم
یہ حال کہ برسوں کا ہو جیسے کوئی بیمار

چُنری کے عوض چیتھڑے پوشاک ہے جن کی
گیتوں کے عوض ایک خموشی لبِ اظہار

تنگی یہ معیشت کی اور اُس پر یہ مصیبت
اولاد پر اولاد کا بڑھتا ہوا طومار

یہ رات پہاڑ اور ہوا جاڑے کی ٹھنڈی
تن ڈھکنے کو چادر نہیں، اللہ رے ادبار

غیرت کا یہ مردوں کی مگر حال، کہ دو مفت
مزدانی ہو، کمبل ہو کہ دو سیر، کریں انکار

۴۷

یہ کہہ کے ملے قرض "بسارا" تو دلادو
پر بھیک تو لینے کے لئے ہم نہیں تیار

ہاں سچ ہے کہ نادار ہیں سردی بھی کڑی ہے
کس کام کا شکوہ! اپنوں سے جب آنکھ نہ ہو چار

سو بار شرف اُن کو امیروں پہ ہے واللہ
تیور یہ غریبی میں ہوں جن کے، وہ ہیں اوتار

ایسوں کا لہو چوس لیں، ایسے بھی ہیں کچھ لوگ
ایسوں کا گلا گھونٹ دیں، ایسے بھی ہیں غدار

کیوں قابلِ عبرت نہ ہو اُس ملک کی حالت
یہ جس کا تمدن ہے، یہ اسلوب، یہ کردار

اباد۔ ۱۹۲۵ء

نوٹ: تمام واقعات چشم دید اور صداقت پر مبنی ہیں۔ اثر

۴۸

گاندھی جی

(ایک تمثیل)

تو پھول ہے کنول کا، اسرار کا خزانہ　　تیرا جو دم نہ ہوتا اندھیر تھا زمانہ
پاکی و سربلندی تجکو ہوئی ودیعت　　اے سرخوشِ حقیقت، اے عارفِ یگانہ
ایک ایک پنکھڑی میں ہیں جمع حُسن لاکھوں　　موجِ ہزار نغمہ، ترتیبِ صد ترانہ
بادِ سموم تجکو چھو لے، مجال کیا ہے　　تیری بہار دائم، اے نقشِ جاودانہ
طوفان سر سے گزریں، کھائے نشیب بلٹا　　ہر انقلاب تیرا بن جائے گا فسانہ
اللہ رے پائداری قائم ہے تو جہاں تھا　　کیا کیا نہیں نکالا بدبیں نے شاخسانہ
تیری جڑیں دراتیں خود وقت کے جگر میں　　خود وقت بھی ہوا ہے تمکین کا نشانہ

بھونروں کے غول آئے دل میں چھپائے لوکے
ننھے حسن کے ہونٹ پیاسے رس کے نہیں، لہو کے!

وحشی ہوائیں دوڑیں تاراج آبرو کو　　دیتی ہوئی تھپیڑے معجز نما علو کو
رعنائی ابد کی رنگینیاں جھلسنے　　شعلوں کی نذر کرنے شادابیٔ نمو کو

۴۹

چاہا کہ پھر نہ اُبلے چشمہ شگفتگی کا　　پھنکار کر دے ٹھنڈا کھولے ہوئے لہو کو
حیلے تراشے کیا کیا عزت کے ہو کے درپے　　انجام کار خود ہی کھو بیٹھے آبرو کو
کیا کیا نہ سر کھپایا، پایا نہ بھید تیرا　　ٹکرائی چال والے نکلے تھے جستجو کو
ہر چند تو ہمیشہ سچ اور شانتی کا　　پیغام لحظہ لحظہ دیتا رہا عدو کو
لافانیت کی مورتی، انسانیت کو دیوتا　　جو پاک دل نہیں ہے کیا آ تجھے تیری خو کر
اپنا ہوا نشانہ، ہر شاطرِ زمانہ
"تو پھول ہے کنول کا، اسرار کا خزانہ"

سری نگر: ۱۹۴۳ء

قطعات

جیسے کوئی فرشتۂ حریمِ پاس ہیں
چھیڑے صبیح نغمہ سنہرے رباب پر
زہ زیر و بم کہ نرم تموّج کہیں جسے
جیسے پھوار نور کی جامِ شراب پر
بالکل یہی تصورِ جاناں کی شان ہے
جس وقت رات ہوتی ہے پورے شباب پر

سب مذاہب کو چھوڑ کر میں نے
مسلکِ شمع اختیار کیا
کھل گیا رازِ ہستیٔ مبہم
اپنے قدموں پہ سر نثار کیا

۵۱

انسانیت خود اپنا گلا گھونٹنے لگی
تہذیب کی جبیں عرق افشاں ہے آجکل

یہ بھی تمیز ہو گئی مشکل، خطا معاف
خونخوار اک درندہ کہ انساں ہے آجکل

ڈوبی ہوئی لہو میں عروسِ بہار ہے
مسلخ تمام صحنِ گلستاں ہے آجکل

عصمت کے پھول اور ہوس کی سموم ہے
حیوانیت کا شعلہ فروزاں ہے آجکل

نفرت کہ انتقام کی پوجا ہے رات دن
"ہندو ہے آجکل، نہ مسلماں ہے آجکل"

باقی ہر ایک چیز کا ہے مول آگ کا
ارزاں جو ہے وہ خونِ شہیداں ہے آجکل

۱۹۴۸ء

سوئے مستقبل رواں ہو شہپرِ پرحال سے
بھول جا ماضی کو لاشِ کہنہ اک مدفن میں ہے

زینۂ بامِ کامیابی کا ہیں یہ ناکامیاں
سعی سے باز آ نہ ہرگز جان جبتک تن میں ہے

اپنی ہستی محو کر دے کشت زارِ جہد میں
بارور ہوتا نہیں وہ دانہ جو خرمن میں ہے

دل میں ہمت ہو اگر اور استواری عزم میں
موم سے بھی پھر آخر بڑھ کر گداز آہن میں ہے

رباعیات

○

بے لُطف نہیں ذوقِ خمار آلودہ
رہنے دے رُخِ سحر غبار آلودہ
گھبرا نہیں خورشید بھی طالع ہوگا
اے منتظرِ صبحِ "بہار آلودہ"

○

خورشید کی ضو چراغ سے لیتے ہیں
نشّہ خالی ایاغ سے لیتے ہیں
ہے قابلِ رحم خیرہ چشمی اُن کی
جو منصب دل و دماغ سے لیتے ہیں

○

ہر چند یہ بات تم سے کہنے کی نہیں
کہتا ہوں کہ منہ پہ آئی رہنے کی نہیں
ظاہر میں صفائی اور دل میں کینہ
اُلٹی گنگا بہاؤ، بہنے کی نہیں

۵۳

○

دنیا دوزخ ہوئی ہے مکاروں سے		شرمندہ معصیت ہے کرداروں سے
مذہب پہ زوال ہے جن کی غداری کا		اللہ کی پناہ ایسے دینداروں سے

○

ہے پھول وہی جس پہ چمن نازاں ہو		ہے مُشک وہی جس پہ ختن نازاں ہو
موتی ہے وہی جس پہ عدن نازاں ہو		انساں ہے وہی جس پہ وطن نازاں ہو

○

دنیا کا ابھی شباب ہونا ہے تجھے		تاریخ میں انتخاب ہونا ہے تجھے
دے موت کو بھی حیات کی تابانی		ہر رنگ میں بے نقاب ہونا ہے تجھے

○

شاعر ہے تو اس طرح تماشائی ہو		فطرت ترے انداز کی شیدائی ہو
آیات و اشارات کا مرکز ہو دل		ہر شے میں نظر، نظر میں گویائی ہو

اشعار

جن خیالات سے ہو جاتی ہے وحشت دونی
کچھ انھیں سے دلِ دیوانہ بہلتے دیکھا

اپنی وفا نہ اُن کی جفاؤں کا ہوش تھا
کیا دن تھے جبکہ دل میں محبت کا جوش تھا

جس نے دیکھا وہ دیکھتا ہی رہا
اُف، وہ عالم تری جوانی کا

کسی کا ہائے یہ کہنا آثر سے وقتِ وداع
جو ہو سکے تو ہمیں دل سے تم بھلا دینا

لے لیا دل، مُڑ کے نہ دیکھا اِدھر
جاؤ تمہارا ہی بھلا ہو گیا

تو ہی جو مہرباں نہیں، سادہ ورق ہے زندگی
حرفِ غلط ہے آرزو، دل بخدا سے مٹائے کیوں

۵۵

ذرا خبردار قیدیوں سے چمن میں فصلِ بہار آئی
پھر اُن کی زنجیرِ پا کے حلقے جنوں کے سانچے میں ڈھل رہے ہیں

وہ آئے ، حال پوچھا ، اُٹھ گئے کب کے خفا ہو کر
میں اب تک یہ سمجھتا ہوں مرے پہلو میں بیٹھے ہیں

حال بھی اپنا سناؤں گا تمہیں　　　　اک ذرا دل تو ٹھہر جانے دو

دیکھو نہ آنکھ بھر کے کسی کی طرف کبھی　　　　تم کو خبر نہیں جو تمہاری نظر میں ہے

اے حسیں ! ہم واقفِ آدابِ مجلس ہیں مگر　　　　اس قدر پیار آگیا ! منہ تیرا تکتے رہ گئے

نہیں شرط ابتدا کی ، نہیں قید انتہا کی　　　　ہے لطیف قصۂ غم اسے چھیڑ دو جہاں سے

کچھ نام پہ اُن کے بھی مے آج لُٹا ساقی
اک جام کی حسرت میں جو اُٹھ گئے دنیا سے

۵۶

جہاں پلکوں کے سائے میں ہزاروں فتنے سوتے تھے
وہیں فطرت نے چپکے سے نگاہِ شرمگیں رکھ دی

مجھ کو جہاں خیال ہوا عرضِ حال کا
دھڑکا دل اس طرح کہ زباں بند ہو گئی

جہاں لہو میں نہائی ہوئی بہار آئے
ریاضِ عشق کا نے بوالہوس پتہ یہ ہے

خدا معلوم کس سے نیم باز آنکھوں نے سیکھا ہے
کبھی بیمار کر دینا، کبھی بیمار ہو جانا

ایسی توبہ سے تو میخوار ہی رہنا تھا اثر
دل پہ اک ہاتھ ہے، اک ہاتھ میں ساغر ٹوٹا

دل کی وہ لاگ نہیں جس سے رہائی ہو جائے
جب نہیں رنجِ اسیری، غمِ آزادی ہے

۵۷

اب بھی جو چاک سینۂ قفس ہے تو اے جنوں
آ مانگ لائیں تھوڑی فضا آسماں سے ہم

تکیہ کلام ہی سہی، رشک سے مر رہا ہوں میں
کیوں کہو بات بات پر "دیکھو بھلا سا نام ہے"

برق شرمندہ اُدھر، میں ہوں پشیمان اِدھر
چار تنکوں کے سوا، خاک نشیمن میں نہیں

سیاہ خانۂ دل ہی سُلگ اُٹھے شاید
کچھ اور نالۂ شبگیر میں اثر نہ سہی

آتا ہے ایک رنگ تو جاتا ہے ایک رنگ
لو آئے تھے وہ پرسشِ بیمار کے لئے

نگہِ شوق سے بچنے کی یہ تدبیر تو دیکھ
منھ چھپانے کے لئے مجھ سے ہم آغوش ہوا

۵۸

ہے ہلالِ شفقی رنگ خراشِ ناخن
پھوٹ نکلے گی بہار آج گریبانوں سے

خاکسترِ پروانہ میں بھی آگ دبی ہے
اے بادِ صبا دیکھ کے دامن کی ہوا دے

یہ گھٹا، ایسی بہار، ایسی فضا، یہ موسم
آہ! کس وقت میں چھوٹا ہے گلستاں ہم سے

عالمِ عشق وجنوں عالمِ حیرت بھی ہے
چاک ہوتا نہیں وحشت میں گریباں ہم سے

کیا ہم نے چھلکتے ہوئے پیمانے میں دیکھا!
یہ راز ہے میخانے کا افشا نہ کریں گے

اِک سجدے سے زیادہ عشق میں جائز نہیں
ورنہ آلودہ جبینِ بندگی ہو جائے گی

۵۹

چہرے کا رنگ دیکھئے آئینہ میں اثر
کہنے چلے ہیں حالِ دل اس بے وفا سے آپ

کچھ اسیر آزاد ہو کر آشیانوں کو گئے
کچھ اسیر اپنے شکستہ بال و پر دیکھا کئے

اب یہ سودا ہے کہ حاصل ہوش میں آنے سے کیا
کر دیا اُن مدھ بھری آنکھوں نے دیوانے سے کیا

ہوش رہتا ہے بس اتنا دمِ تحریکِ جنوں
جیسے چھینے لئے جاتا ہے گریباں کوئی

وہ نمازِ عشق ہے بوالہوس تہِ تیغ جس کا مقام ہے
نہ رکوع ہیں، نہ سجود ہیں، نہ قعود ہے، نہ قیام ہے

اس قدر بے اعتباری پر ہے اتنا اعتبار
بیوفا یہ تیرے وعدے میں عجب تاثیر ہے

۶۰

قیامت آنکھوں کی نیم خوابی، غضب نگاہوں کی برق تابی
وہ چال جیسے کوئی شرابی، نہ جانے کس پر کرم کرے گا؟

دل وہی دل ہے کہ جس کی زندگی ہو اضطراب
غم وہی غم ہے کہ تم سے بھی مسیحائی نہ ہو

کس قدر شوخ تھی وہ ایک نگاہِ مبہم
لاکھ معنی تھے، دل آسودۂ معنی نہ ہوا

چمن ہے، شاخِ گل ہے، آشیاں ہے، پھر نہیں کچھ بھی
غضب ہے طائرِ آزاد کا بے بال و پر ہونا

اُف ری بیدادِ سیاست کہ اثرؔ سا بیتاب
نام لیتا نہیں ہنگامِ تظلّم تیرا

اک بات بھلا پوچھیں کس طرح مناؤ گے		جیسے کوئی روٹھا ہے اور تم کو منانا ہے

٦١

یہ نقش بنا ڈالا ، وہ نقش مٹا ڈالا — ہر آن سنورنے کو اک تازہ بہانا ہے

ہجر کے جاگے ہوئے کروٹ بدل کر سو گئے — شورِ محشر تھا فسانہ نیند آنے کے لئے

دل ہی آخر کا تاب نہ لایا — ورنہ محبت زہر نہیں ہے

جھپکی ذرا جو آنکھ جوانی گزر گئی — بدلی کی چھاؤں تھی ادھر آئی اُدھر گئی

اک ذرا پھیر لے منھ، خوش نگہی کا صدقہ — مے اُڑی جاتی ہے ساقی مرے پیمانے سے

زندگی اور زندگی کی یادگار — پردہ اور پردے پہ کچھ پرچھائیاں

دیکھنا ظرف کہ باوصف ہزاراں مستی — رازِ میخانے کا محفوظ ہے میخانے میں

آ کے ذرا میری قسم آزما — تجھ سے نہ ملنے کی قسم کھائی ہے

۶۲

لُٹ رہا ہے چمن اور آہ نہیں کر سکتے
پھر غلط کیا ہے کہ ہم سا کوئی مجبور نہیں

تعبیر یوں بھی کرتے ہیں فصلِ بہار کو
دیوانے تیرے دھوم مچا کر چلے گئے

ہوئی ایجاد یہ رسمِ وفا تیرے شہیدوں سے
محبت نے ستم جھیلے، محبت ہی پشیماں ہے

جیسے نغمے میں نیا گن کوئی ایجاد کرے
اُف وہ آواز جو تھی نینڈ میں بھرائی ہوئی

میں اور کوئے دوست، کہاں ایسے تھے نصیب
یہ کہیے اُس طرف سے اشارے ہوا کیے

تڑپ اُٹھتا ہے جگر، دردِ جگر سے پہلے
ایک خلش ہوتی ہے محسوس نظر سے پہلے

وہ جو مائل ہے دل کی غارت پر
سو شکستیں ہیں اس عمارت پر

۶۳

وہ اشک آنکھوں میں ڈبڈبائے، ہمارا حسرت سے اُن کو تکنا
وہ اُن کا منھ پھیر کر یہ کہنا، اثر ہمیں ہے خیال تیرا

اُن لبوں پر جھلک تبسم کی　　　جیسے نکہت میں جان پڑ جائے

ہنگامۂ ہستی کی بس اتنی حقیقت ہے
اک موج تھی جو اُٹھ کر پھر مل گئی دریا سے

ایک دلچسپ اور منفرد موضوع کا شعری مجموعہ

اردو شاعری میں تاج محل

مرتبہ : شجاع خاور

بین الاقوامی ایڈیشن منظر عام پر آچکا ہے